Goodnight, My Love!
¡Buenas noches, mi amor!

Shelley Admont

Illustrated by Samir Boumsik

www.kidkiddos.com

support@kidkiddos.com

First edition, 2018
Edited by Martha Robert
Translated from English by Laura Bastons Compta
Traducido del Inglés por Laura Bastons Compta
Spanish editing by Alejandra Cano
Corrección de texto en español por Alejandra Cano

Library and Archives Canada Cataloguing in Publication
Goodnight, My Love! (Spanish Bilingual Edition)/ Shelley Admont
ISBN: 978-1-5259-0699-2 paperback
ISBN: 978-1-5259-0700-5 hardcover
ISBN: 978-1-5259-0698-5 eBook

KidKiddos Books

"Time for bed, son. Brush your teeth and put on your pajamas. Climb into bed, and I will read you a story," said Dad.

— *Es hora de ir a la cama, hijo. Cepíllate los dientes y ponte el pijama. Métete en la cama y te leeré un cuento — dijo papá.*

When Alex had climbed into bed, his dad read him a story. After that, he tucked him in and leaned over.

Cuando Alex se había acostado en la cama, su papá le leyó un cuento. Al terminar, le cubrió con las colchas y se inclinó sobre él.

"Goodnight, son. Goodnight, dear. I love you," he said.

— Buenas noches, hijo. Buenas noches, cariño. Te quiero — le dijo.

"I love you too, Daddy, but I can't sleep right now," said Alex.

— *Yo también te quiero papi, pero no me puede dormir todavía* — *dijo Alex.*

"Why, son? What's wrong?" asked Dad.

— *¿Por qué hijo? ¿Que te pasa?* — *preguntó papá.*

"I need a drink of water first," Alex answered.

— *Necesito beber agua primero* — *respondió Alex.*

Dad went downstairs and poured a glass of water for Alex. Then, he climbed the stairs back up to the bedroom.

Papá bajó las escaleras y sirvió un vaso con agua para Alex. Después subió las escaleras de regreso a la habitación.

"Here you are, son. Now you can sleep," said Dad.

— Aquí tienes hijo. Ahora ya te puedes dormir — dijo papá.

Alex drank the glass of water and lay back down. His dad tucked him in and leaned over.

Alex bebió el vaso de agua y se acostó. Su padre le cubrió con las colchas y se inclinó sobre él.

"Goodnight, son. Goodnight, dear. I love you," he said.

— *Buenas noches, hijo. Buenas noches, cariño. Te quiero — dijo.*

"I love you too, Daddy, but I can't sleep right now."

— *Yo también te quiero, papi, pero no me puedo dormir todavía.*

"Why, son? What's wrong?" asked Dad.

— *¿Por qué hijo? ¿Qué te pasa? — preguntó papá.*

"I need my teddy bear," answered Alex.

— *Necesito mi osito de peluche — respondió Alex.*

Dad walked across the room and picked up a blue teddy bear.

Papá atravesó la habitación y recogió un oso de peluche azul.

He brought it back and gave it to Alex.

Lo trajo de vuelta y se lo dio a Alex.

"Not this one, Daddy. I need the grey teddy bear," said Alex.

— *Este no papá. Necesito el osito de peluche gris* — *dijo Alex.*

Dad laughed. He went downstairs to get a grey teddy bear from the couch. Then, he climbed the stairs back up to his son's room again.

Papá se rió. Bajo las escaleras a recoger el osito de peluche gris del sofá. Después, subió las escaleras hacia la habitación de su hijo de nuevo.

"Here is your teddy bear. Now you can sleep," said Dad.

— *Aquí está tu osito de peluche. Ahora ya te puedes dormir — dijo papá.*

"Thank you, Daddy!" said Alex.

— *¡Gracias papi! — dijo Alex.*

Dad tucked in his son and the teddy bear and leaned over.

Papá cubrió con las colchas a su hijo y al osito de peluche y se inclinó sobre ellos.

"Goodnight, son. Goodnight, dear. I love you," he said.

— Buenas noches, hijo. Buenas noches, cariño. Te quiero — dijo.

"I love you too, Daddy, but I still can't sleep yet," said Alex again.

— Yo también te quiero papi, pero todavia no me puedo dormir — dijo Alex otra vez.

"Why, son? What's wrong?" asked Dad.

— ¿Por qué hijo? ¿Qué te pasa? — preguntó papá.

"Well, I don't know what to dream about," answered Alex.

— *Bueno, no sé de qué soñar —*
respondió Alex.

"Hmmm, that's very important, isn't it?" said Dad. Alex nodded.

— *Mmmm, esto es muy importante, ¿no?* — *dijo papá. Alex asintió.*

"Then, why don't we plan your dream together?" asked Dad.

— *Entonces, ¿por qué no planeamos tu sueño juntos?* — *preguntó papá.*

"That's a good idea, Daddy!"

— *¡Es una gran idea papá!*

"If you could be anything at all, Alex, what would you be?"

— *Si pudieras ser cualquier cosa, Alex, ¿qué serías?*

"I'd be a bird and float on the breeze," answered Alex.

— *Sería un pájaro y flotaría en la brisa — respondió Alex.*

"What a beautiful dream, son!" said Dad.

— *¡Qué sueño tan hermoso, hijo! — dijo papá.*

"But, what will happen next?" asked Alex.

— *Pero, ¿qué pasará después? — preguntó Alex.*

"First, you and I will soar through the soft, fluffy clouds. The sun will warm our feathers with its gentle, pink glow," said Dad.

— *Primero, tú y yo nos remontaremos a través de las nubes suaves y esponjosas. El sol nos calentará las plumas con su suave resplandor rosado — dijo papá.*

"The sunrise is beautiful, Daddy!" said Alex. Dad nodded.

— *¡El amanecer es precioso papi! — dijo Alex. Papá asintió.*

"Next, we will glide over the cool, gray mountains and past the quiet forest," said Dad.

— Despúes, nos deslizaremos sobre las montañas frescas y grises pasando sobre el bosque tranquilo — dijo papá.

"Then, we will go for a swim in the warm waters of the sea. The breeze will be gentle and salty as we float atop the calm, blue waves," said Dad.

— *Después, nos iremos a nadar en las cálidas aguas del mar. La brisa será suave y salada mientras flotamos sobre las olas calmadas y azules — dijo papá.*

"What happens next?" asked Alex with a big yawn.

— ¿Qué pasa después? — preguntó Alex con un gran bostezo.

"We'll land on the fluffy, white cloud-pillows," said Dad quietly.

— Aterrizaremos en las nubes, como almohadas blancas y esponjosas — dijo papá en voz baja.

Dad looked at Alex sleeping and leaned over.

Papá miró a Alex durmiendo y se inclinó sobre él.

"Goodnight, son. Goodnight, dear. I love you," said Dad. Then, he gave his son a kiss on his forehead. "I will always love you. Goodnight!"

— Buenas noches, hijo. Buenas noches, cariño. Te quiero — dijo papá. Después, le dio un beso en su frente.
— Siempre te querré. ¡Buenas noches!

CPSIA information can be obtained
at www.ICGtesting.com
Printed in the USA
LVHW07s1308031018
592267LV00020B/576/P

9 781525 906992